My First Katakana Book

はじめてのカタカナ

Illustrated by Tiffany Y. P.

This book belongs to:

この本《ほん》は

のものです。

カタカナを覚《おぼ》えよう！

Let's learn katakana!

a

ひづけ：

Date

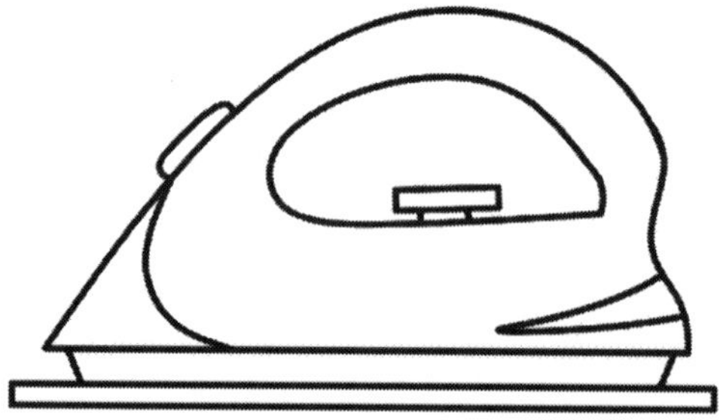

アイロン

ア

1 → 2 ↓ ア

i

ひづけ：

Date

イルカ

イ

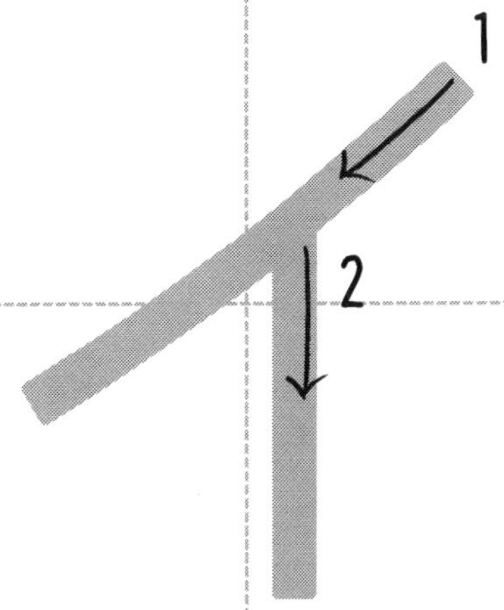

u

ひづけ：

Date

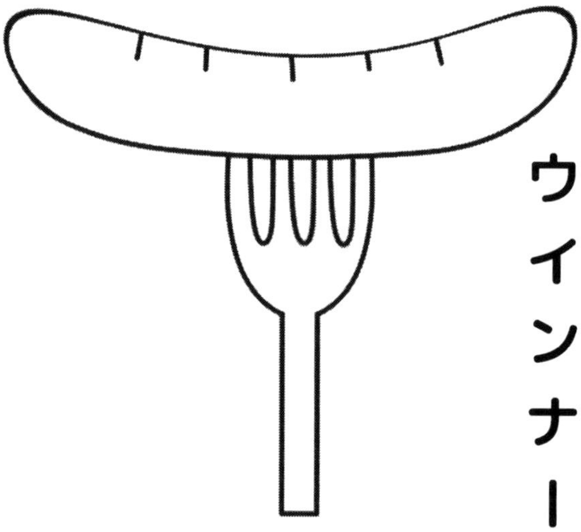

ウインナー

ウ

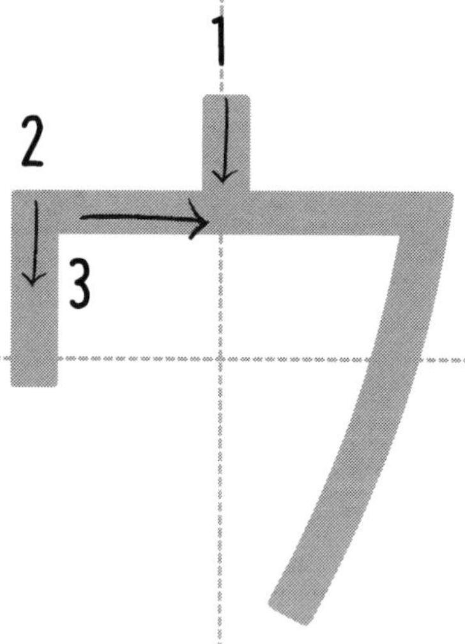

e

ひづけ：

Date

エプロン

エ

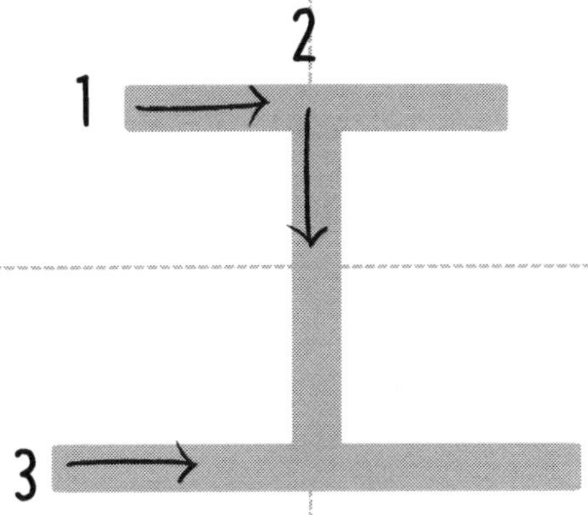

O

ひづけ：

Date

オレンジ

オ

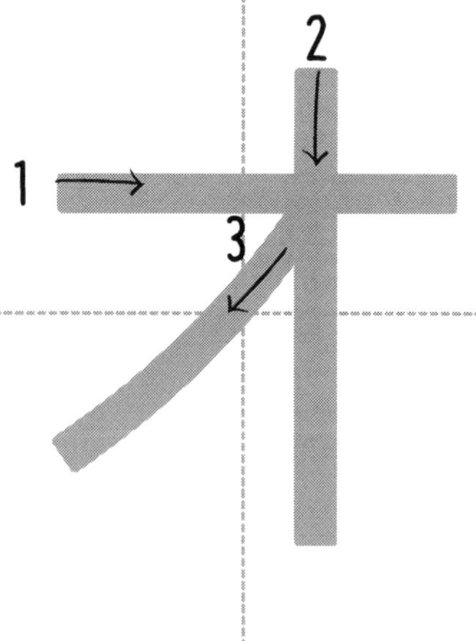

ka

ひづけ：

Date

カメラ

カ

2

1 カ

ki

ひづけ：

Date

キンギョ

キ

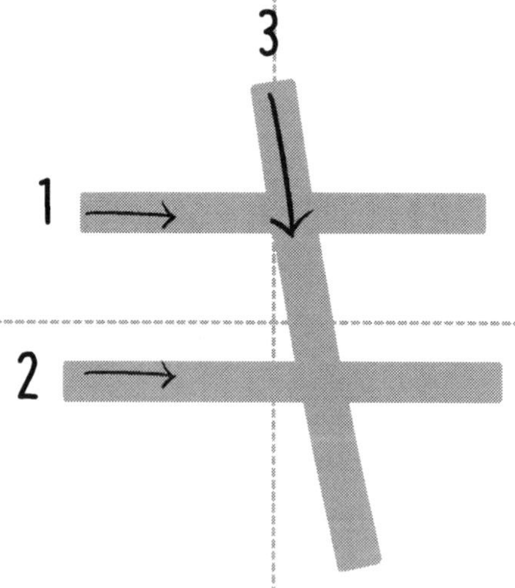

ku

ひづけ：

Date

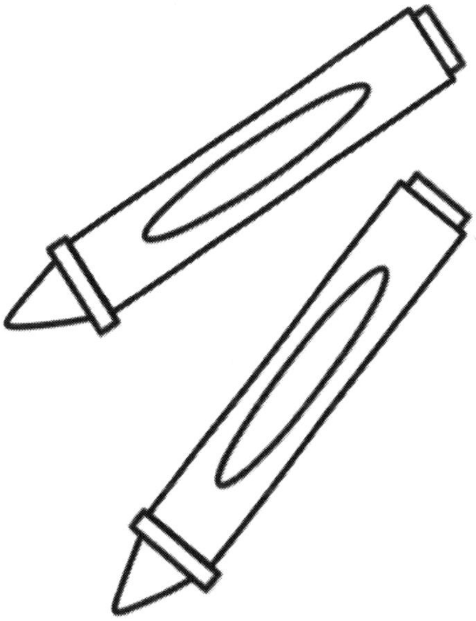

クレヨン

ク

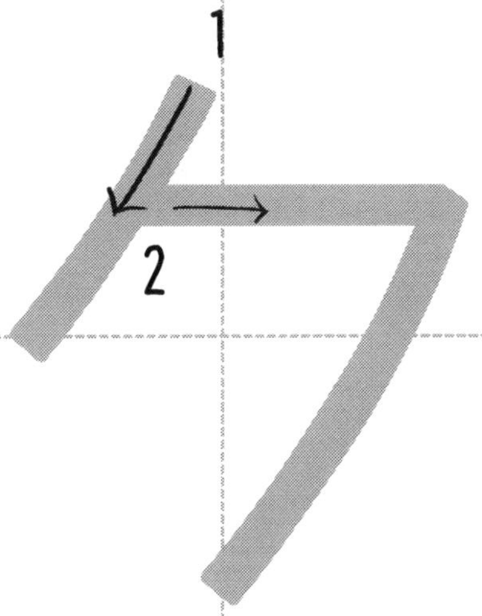

ke

ひづけ：

Date

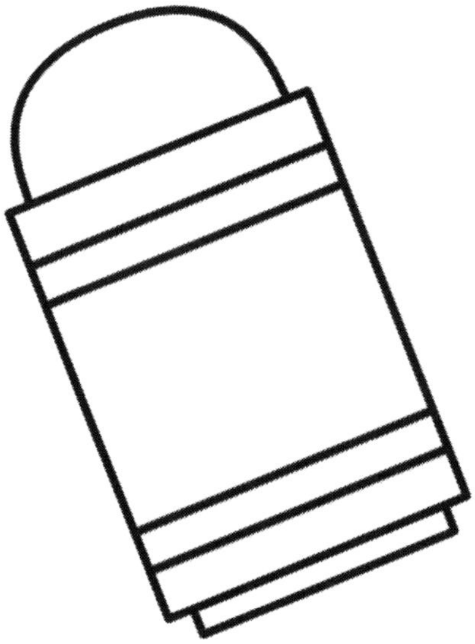

ケシゴム

ケ

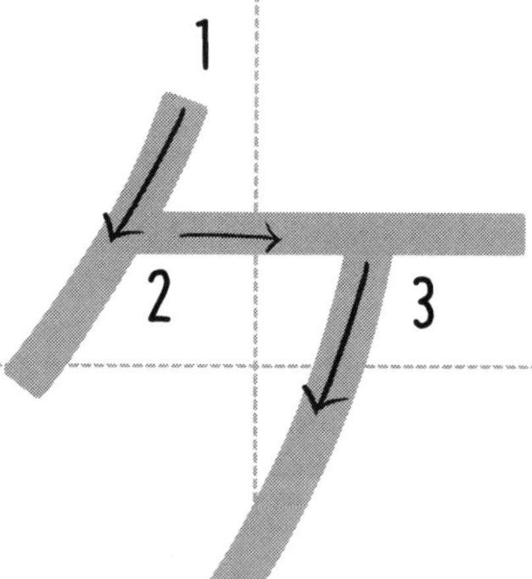

ko

ひづけ：

Date

コップ

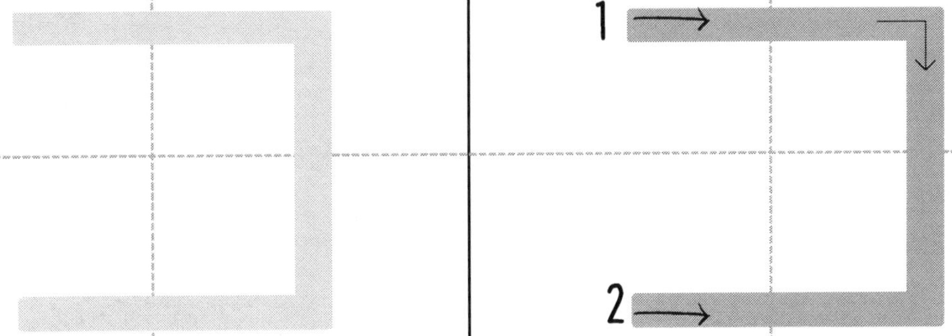

sa

ひづけ：

Date

サボテン

サ

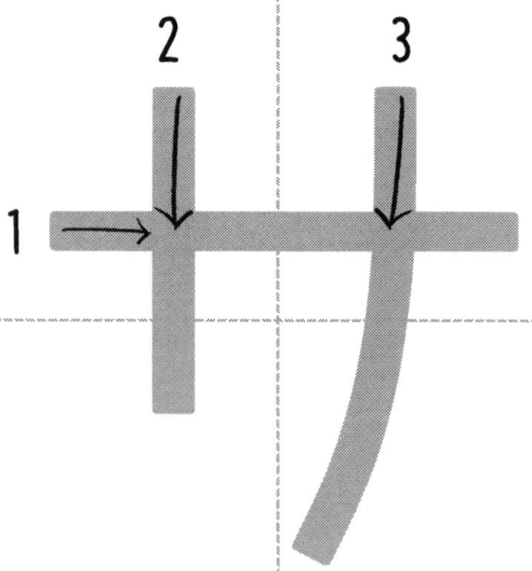

shi

ひづけ：

Date

シカ

シ

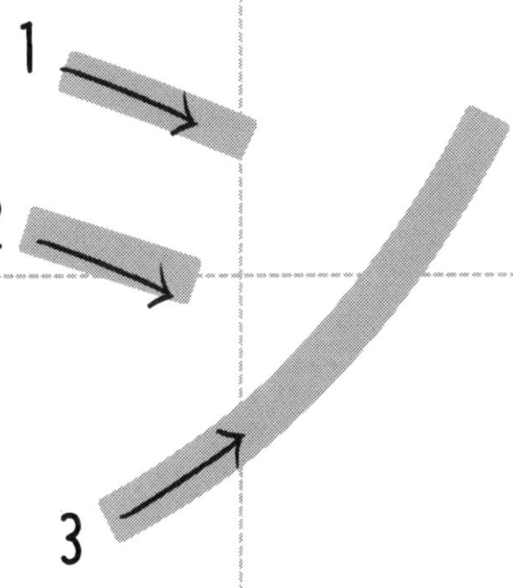

su

ひづけ：

Date

スプーン

spoon

ス ス

se

ひづけ：

Date

セーター

2

1

セ セ

SO

ひづけ：

Date

ソファー

ソ

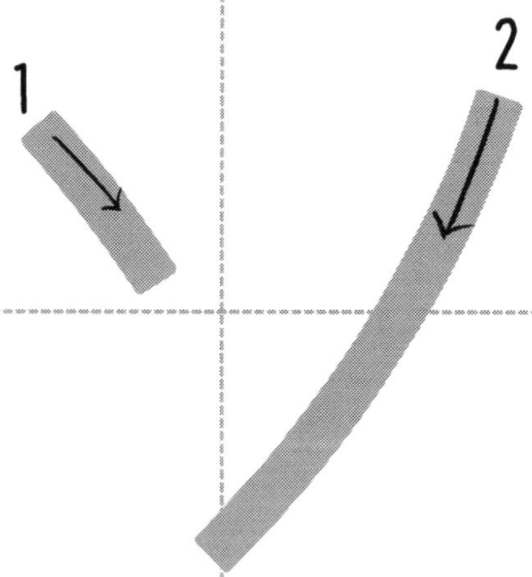

ta

ひづけ：

Date

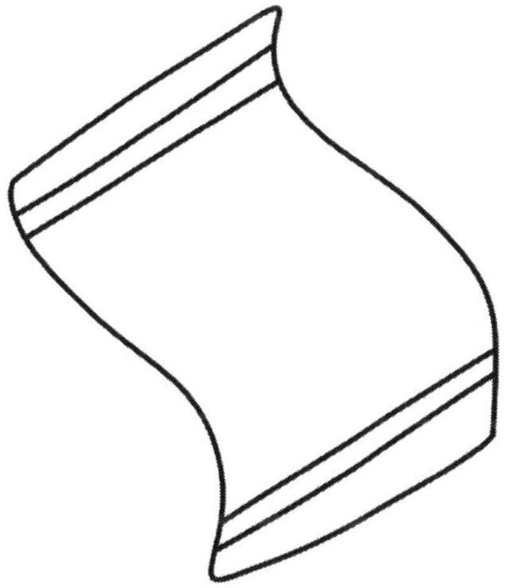

タオル

タ

1 2 3

タ

chi

ひづけ：

Date

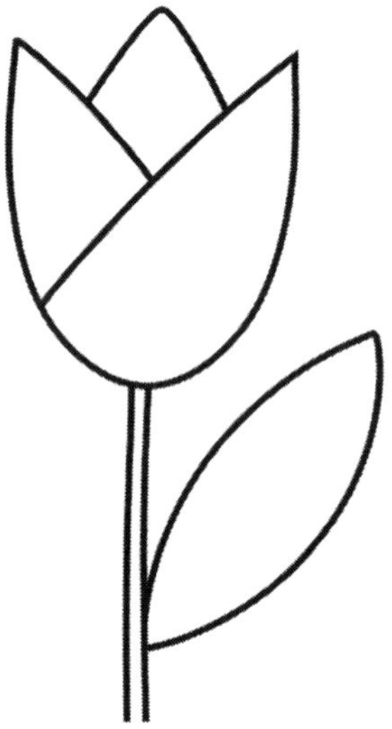

チューリップ

チ

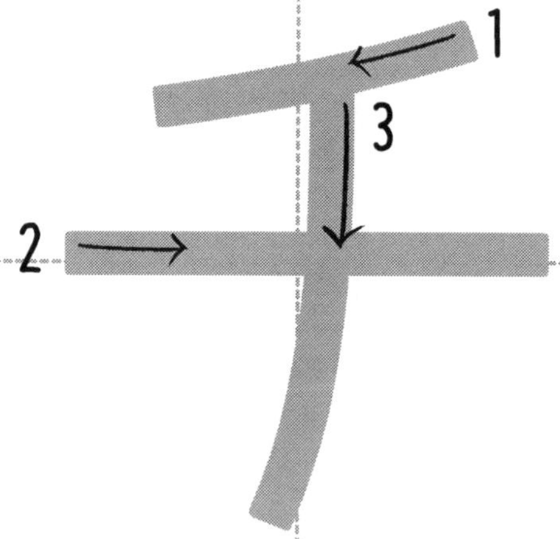

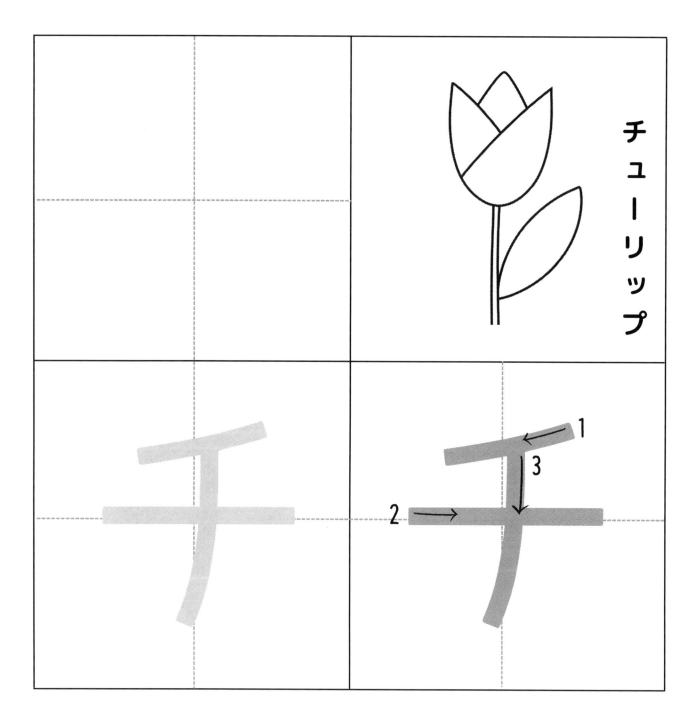

tsu

ひづけ：

Date

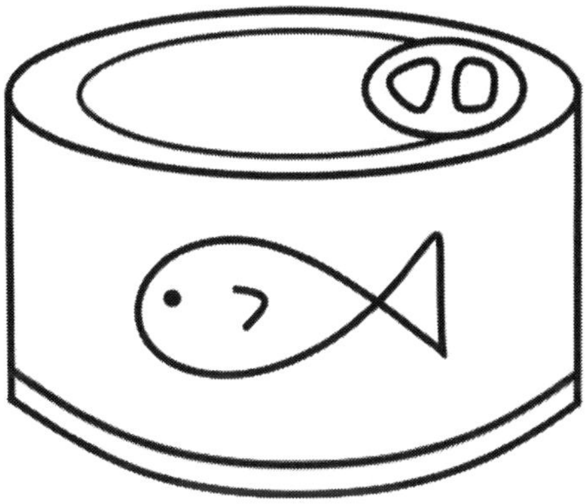

ツ
ナ

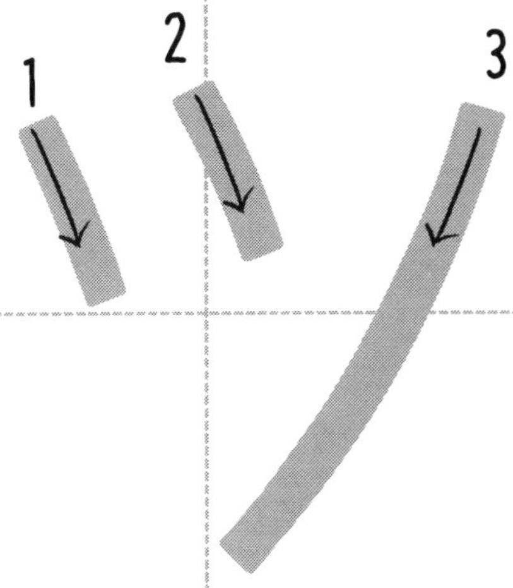

te

ひづけ：

Date

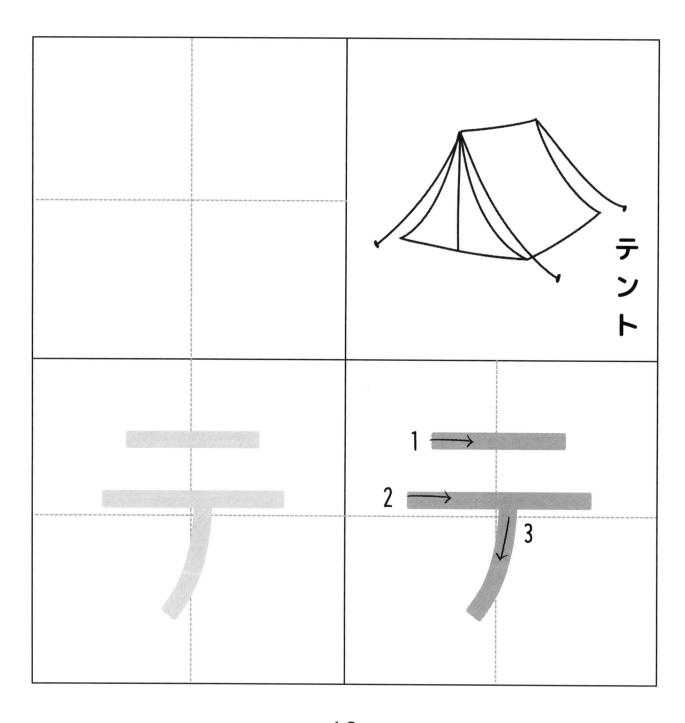

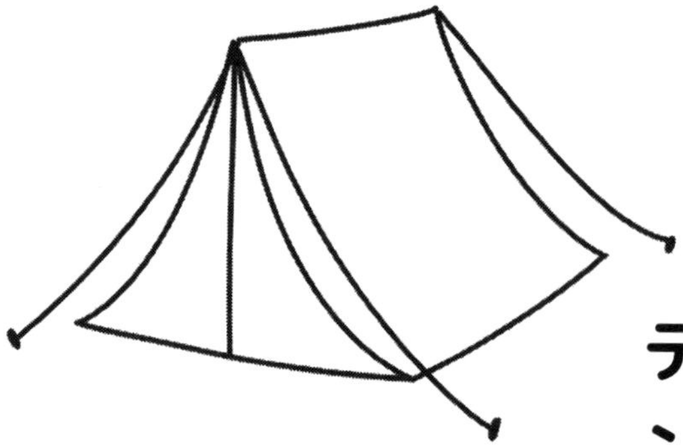

テント

テ

1 2 3 テ

to

ひづけ：

Date

トマト

tomato

ト

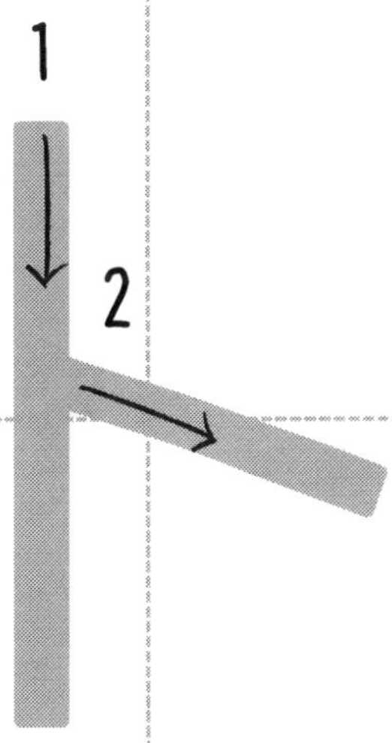

na

ひづけ：

Date

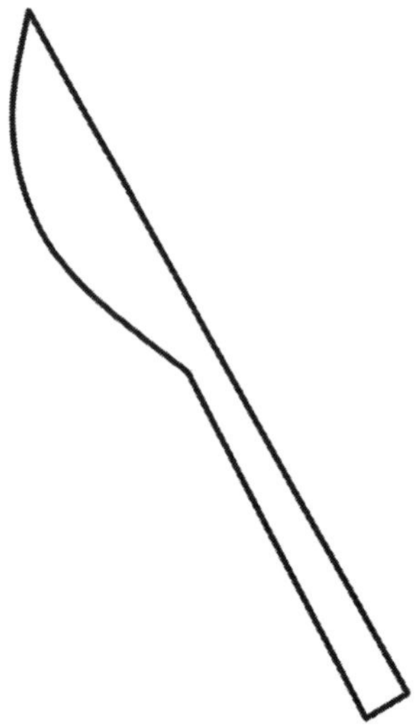

ナイフ

knife

ナ

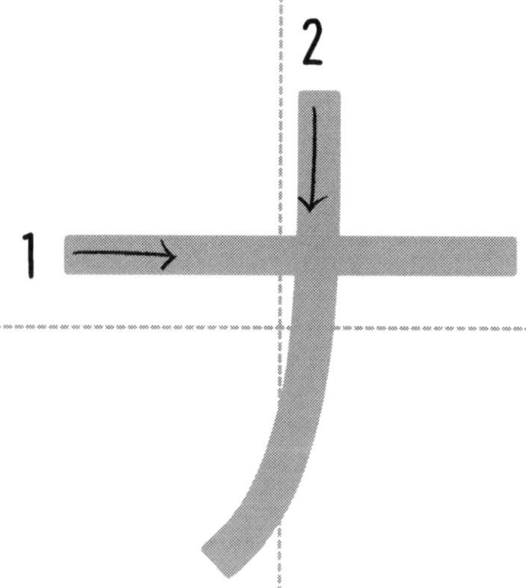

ni

ひづけ：

Date

ニジ

1

2

nu

ひづけ：

Date

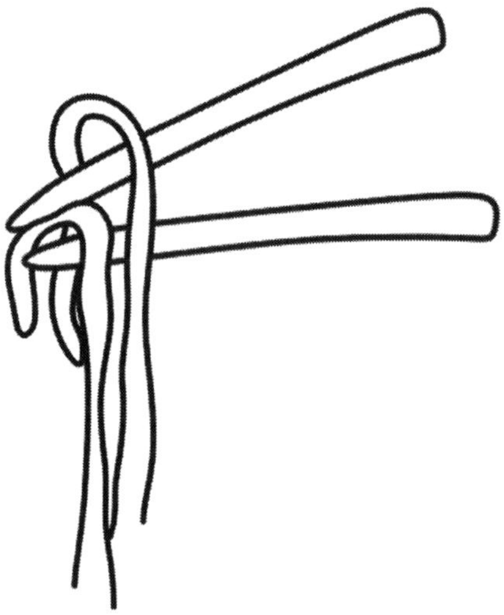

ヌードル

noodle

ヌ

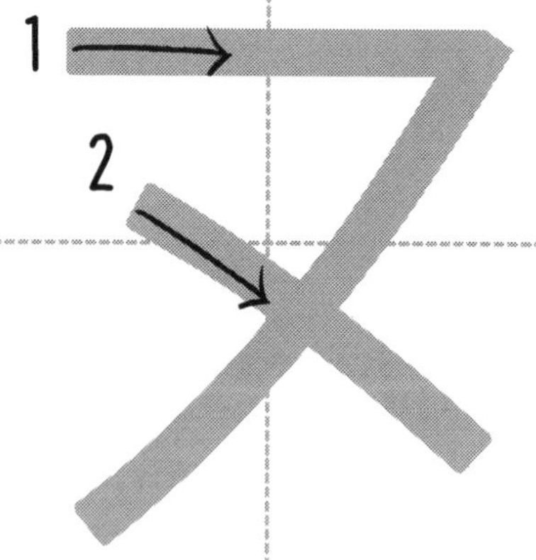

ne

ひづけ：

Date

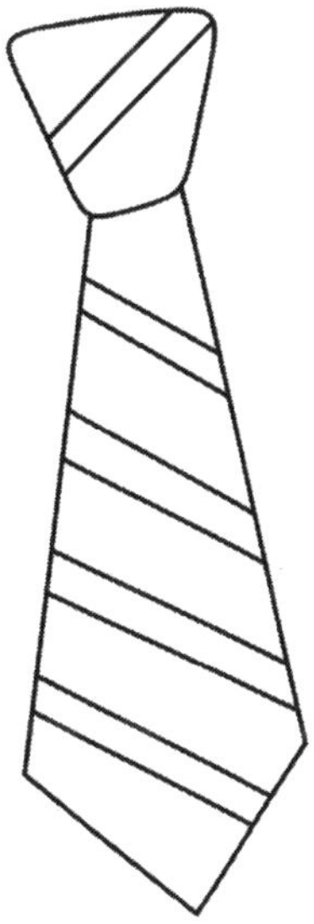

ネクタイ

ネ

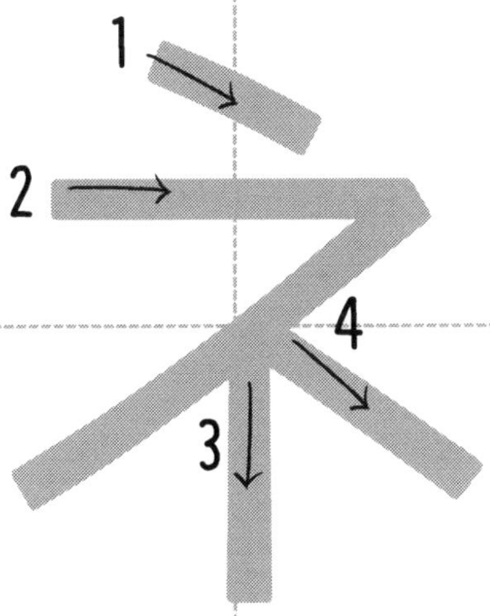

no

ひづけ：

Date

ノート

ha

ひづけ：

Date

ハンガー

hanger

ハ

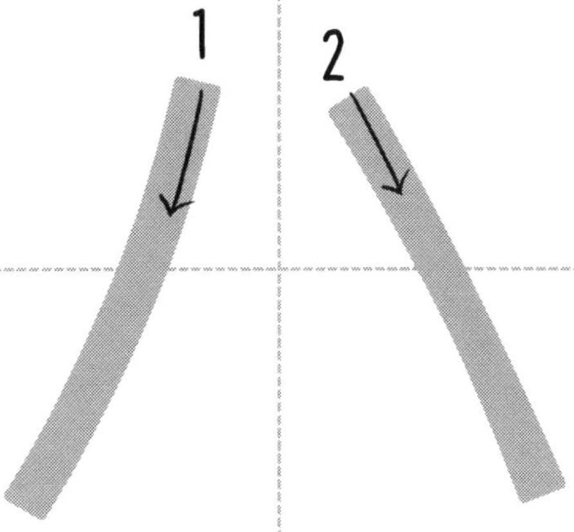

hi

ひづけ：

Date

ヒツジ

ヒ

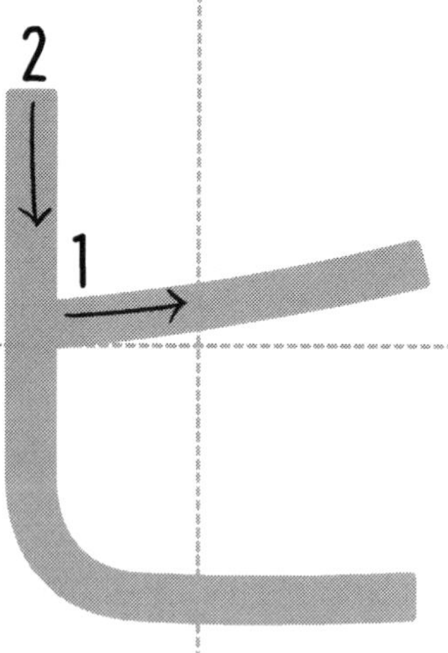

fu

ひづけ：

Date

フライパン

フ

1 フ

he

ひづけ：

Date

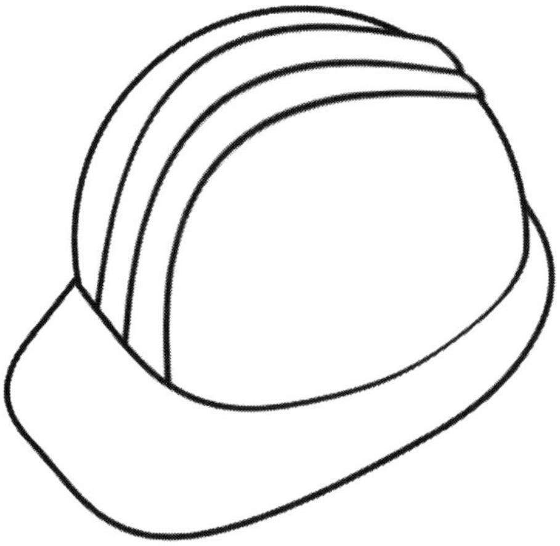

ヘルメット

helmet

1

ho

ひづけ：

Date

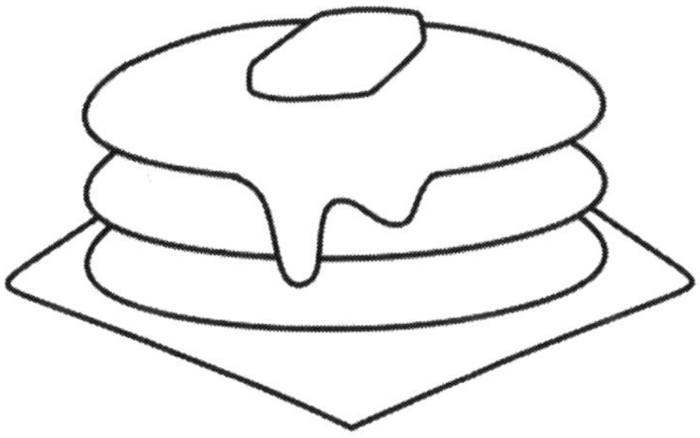

ホットケーキ

ホ

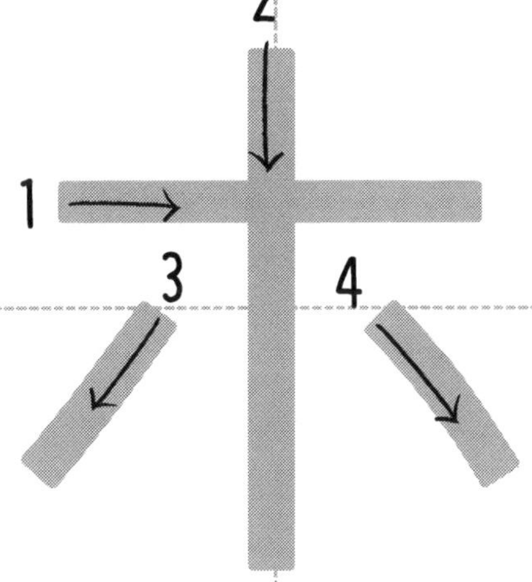

ma

ひづけ：

Date

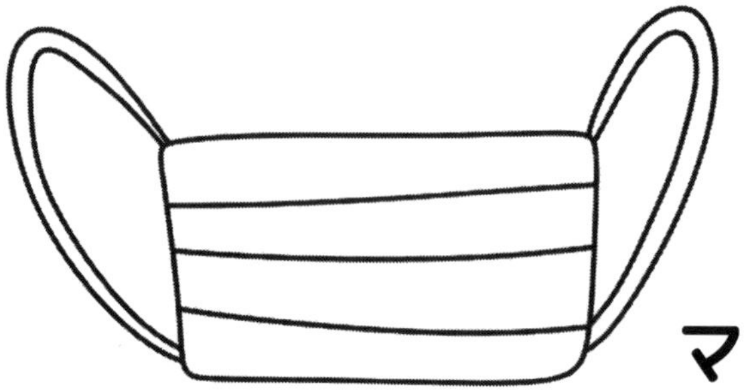

マスク

マ

1 2 マ

mi

ひづけ：

Date

ミルク

milk

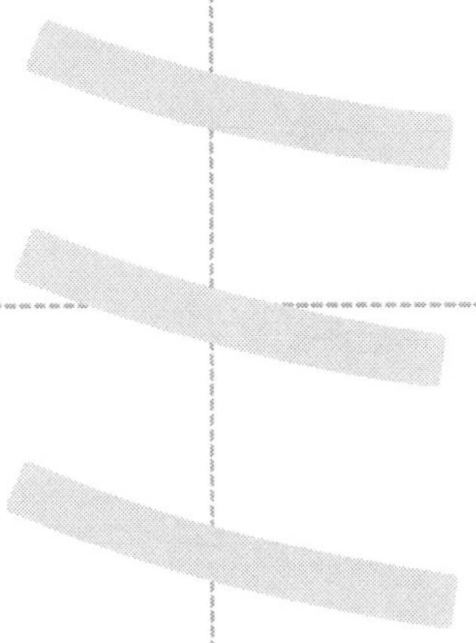

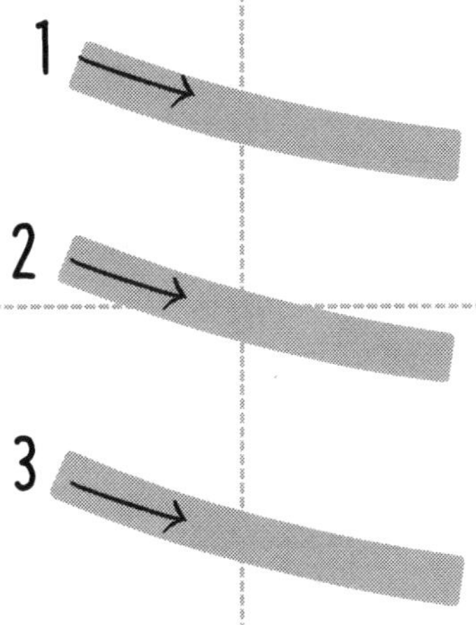

mu

ひづけ：

Date

ムササビ

ム

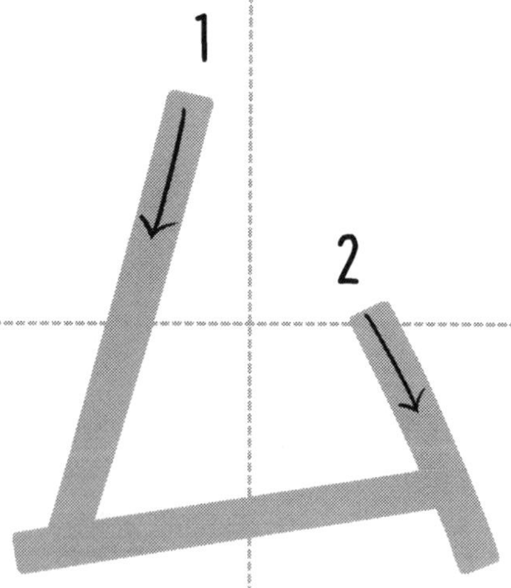

me

ひづけ：

Date

メロン

melon

メ

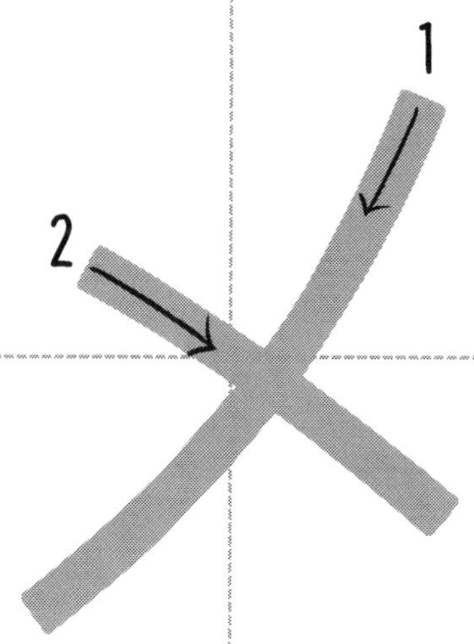

mo

ひづけ：

Date

mop

モップ

モ

1 3 2 モ

ya

ひづけ：

Date

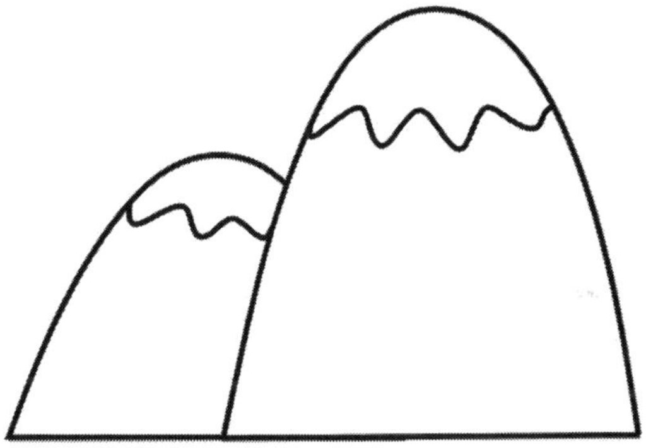

ヤマ

mountain

ヤ

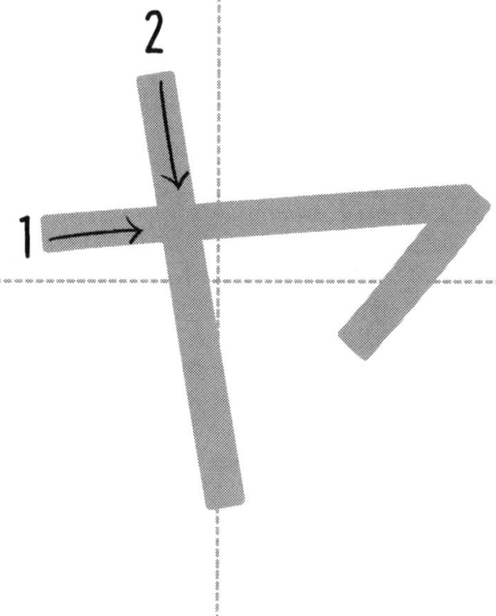

yu

ひづけ：

Date

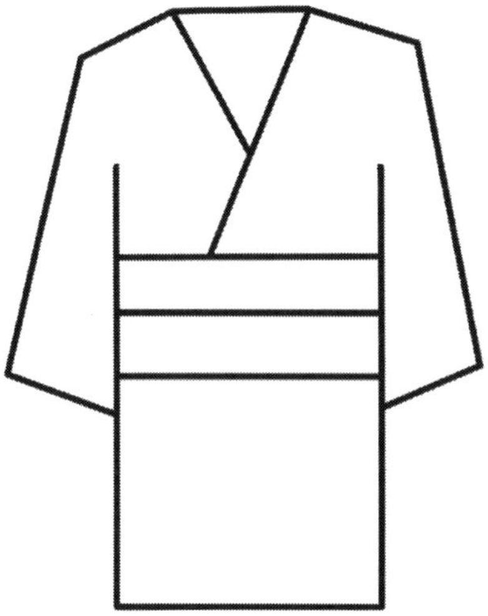

ユカタ

ユ

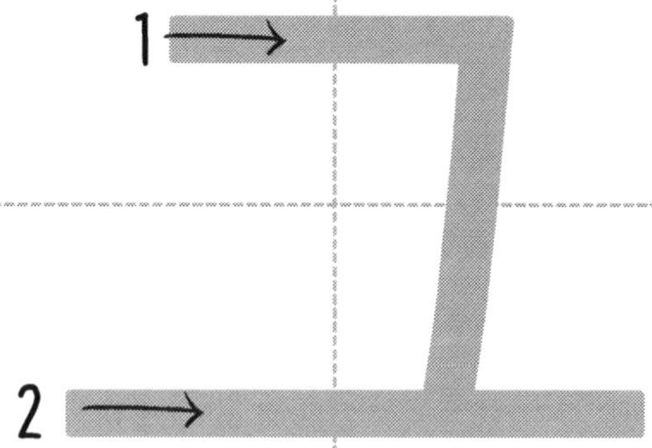

yo

ひづけ：

Date

ヨーヨー

ヨ

1
2
3
ヨ

ra

ひづけ：

Date

ライオン

ラ

1
2
ラ

ri

ひづけ：

Date

リボン

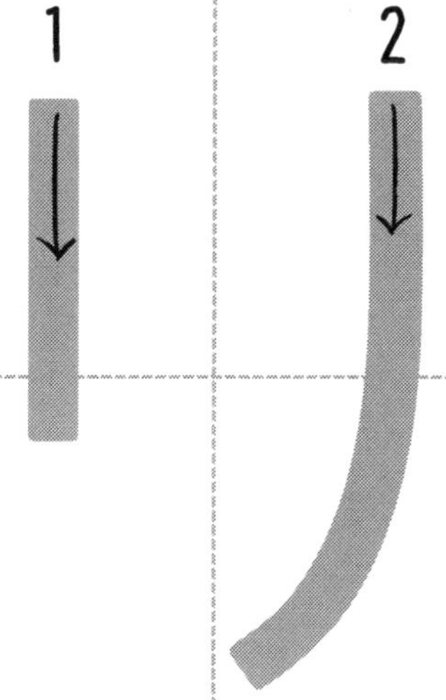

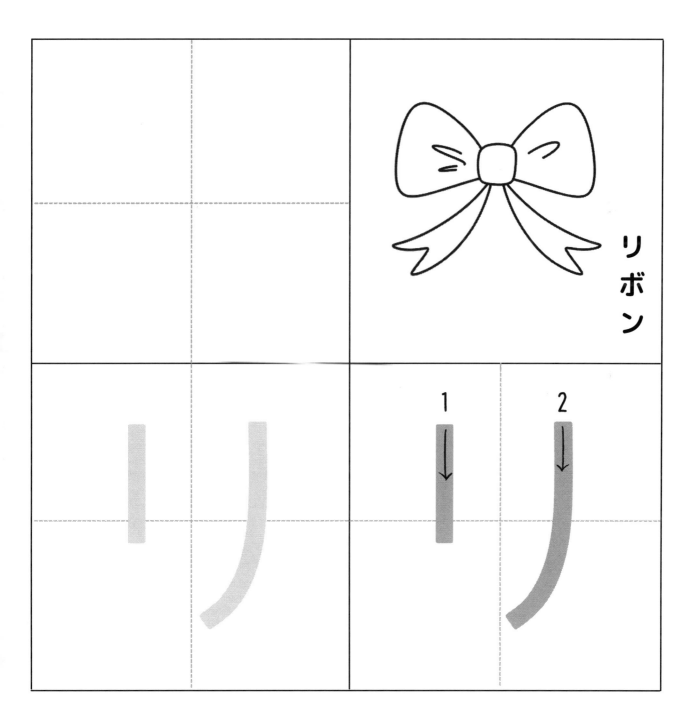

ru

ひづけ：

Date

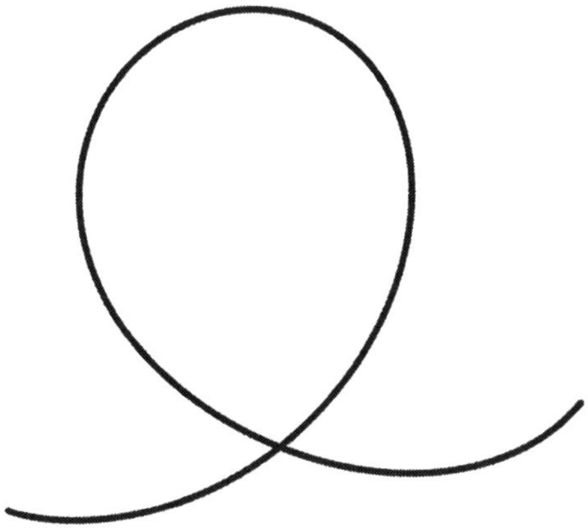

ループ

loop

ル

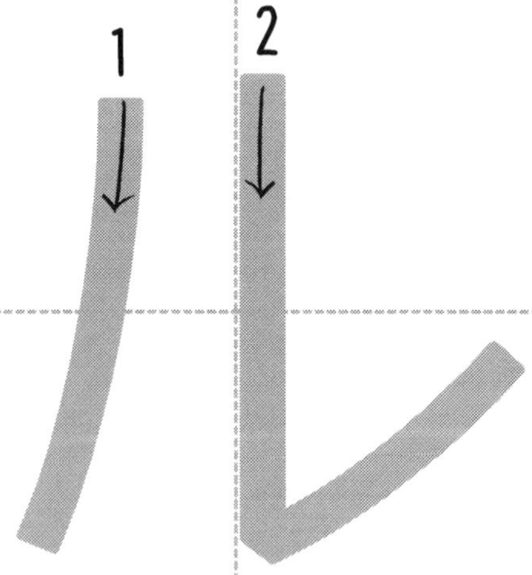

re

ひづけ：

Date

lettuce

レタス

レ

1

レ

ro

ひづけ：

Date

ローズ

ロ

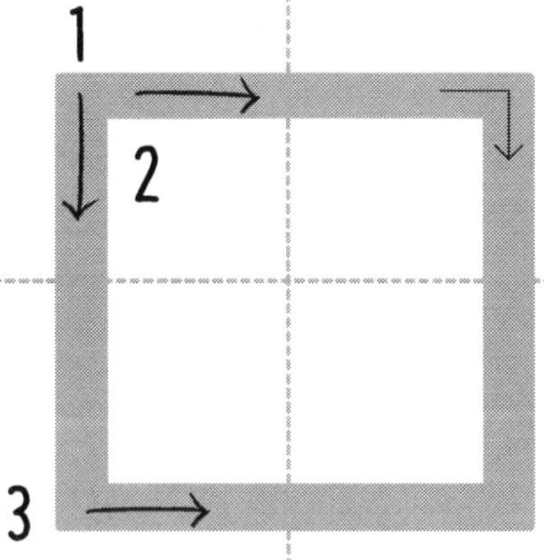

wa

ひづけ：

Date

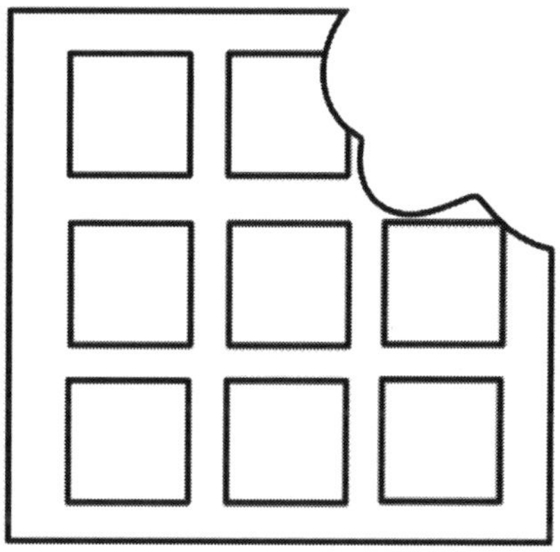

waffle

ワッフル

ワ

1

2

ワ

o

ひづけ：

Date

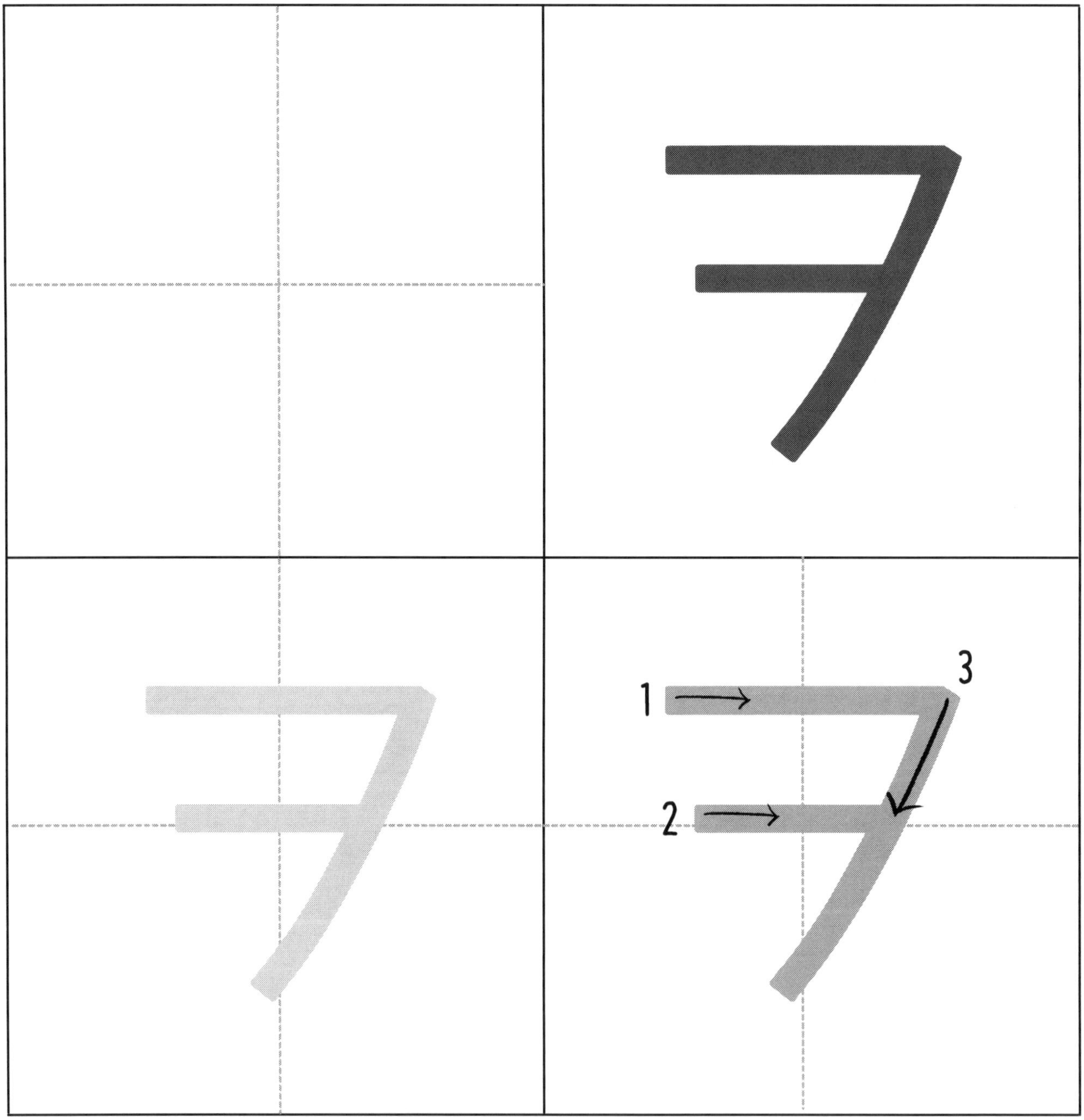

n

ひづけ：

Date

パン

bread

ン

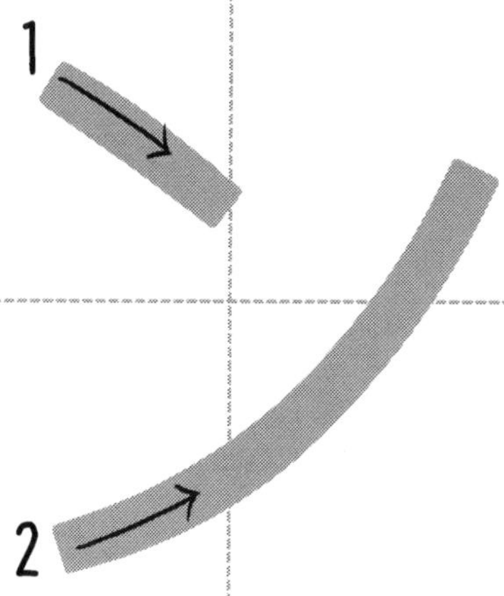

他《ほか》のカタカナ！

Additional katakana!

バ	パ

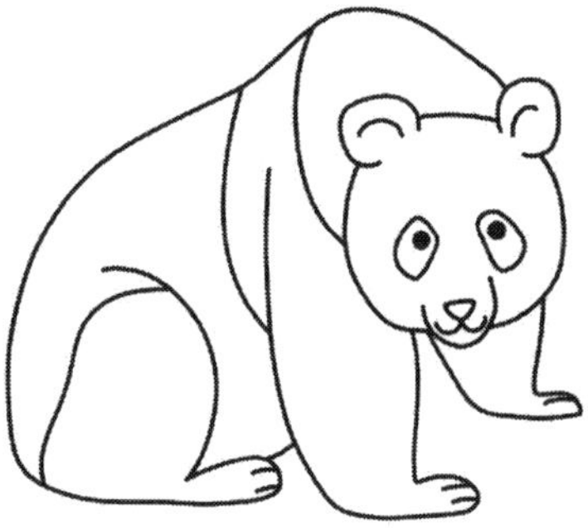

パンダ

パ	バ	ダ	ザ	ガ
ピ	ビ	ヂ	ジ	ギ
プ	ブ	ヅ	ズ	グ
ペ	ベ	デ	ゼ	ゲ
ポ	ボ	ド	ゾ	ゴ

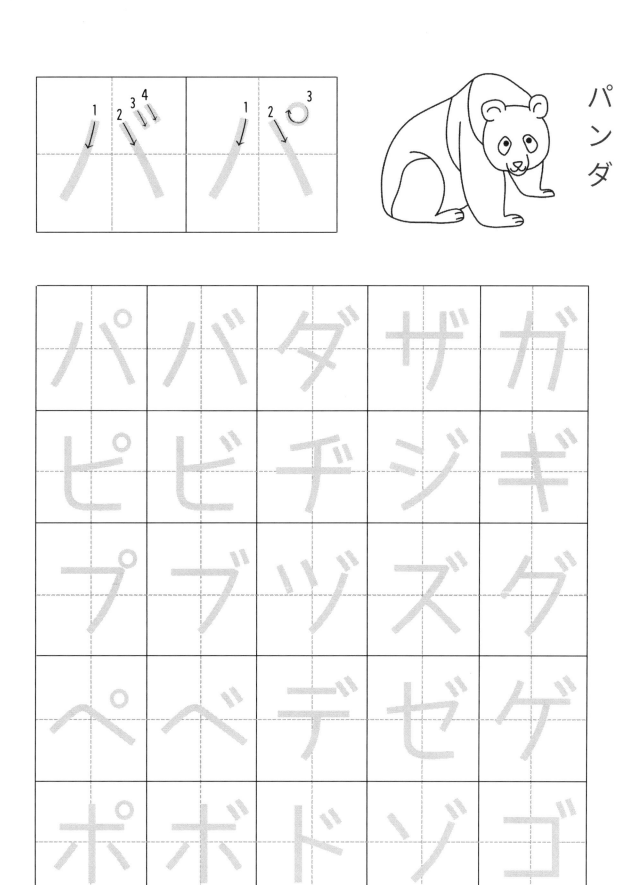

ぞう

ぱ	ば	だ	ざ	が
ぴ	び	ぢ	じ	ぎ
ぷ	ぶ	づ	ず	ぐ
ぺ	べ	で	ぜ	げ
ぽ	ぼ	ど	ぞ	ご

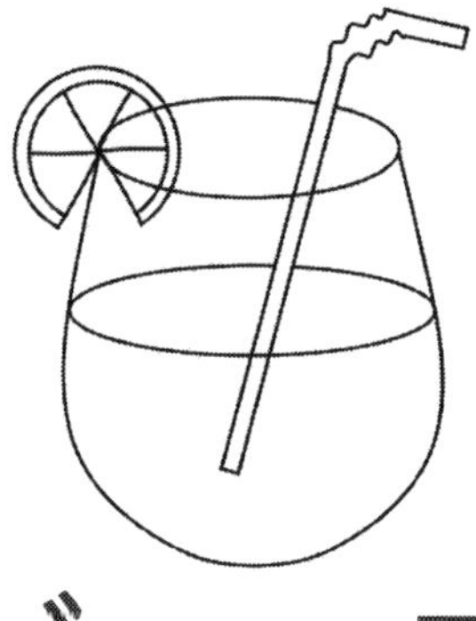

ジュース

juice

キャ キュ キョ

ギャ ギュ ギョ

シャ シュ ショ

ジャ ジュ ジョ

チャ チュ チョ

ヂャ ヂュ ヂョ

ニャ ニュ ニョ

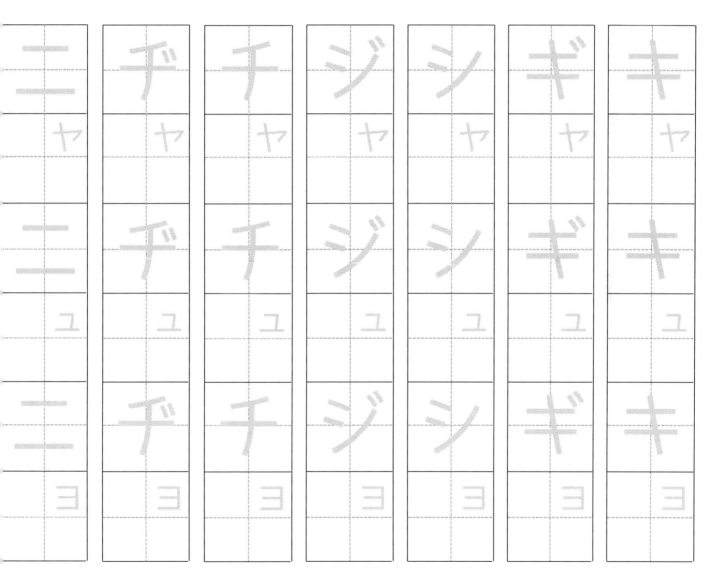

キュウリ

cucumber

ヒャ ヒュ ヒョ

ピャ ピュ ピョ

ビャ ビュ ビョ

ミャ ミュ ミョ

リャ リュ リョ

カタカナで遊《あそ》ぼう！

Let’s play with katakana!

絵とカタカナを結びましょう。　　ひづけ：

Match the picture with the katakana.　　Date

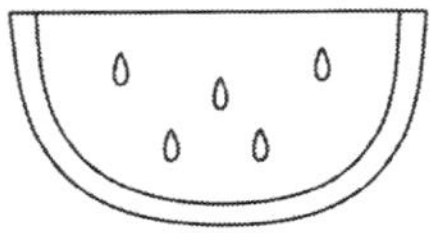

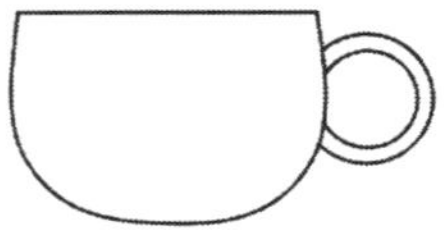

コップ

ツキ

スイカ

リス

絵とカタカナを結びましょう。　　ひづけ：

Match the picture with the katakana.　　Date

イルカ

リボン

メロン

カメラ

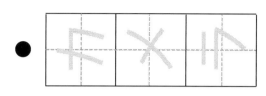

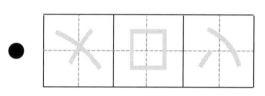

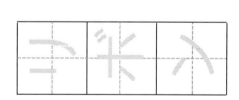

絵とカタカナを結びましょう。　　ひづけ：

Match the picture with the katakana.　　Date

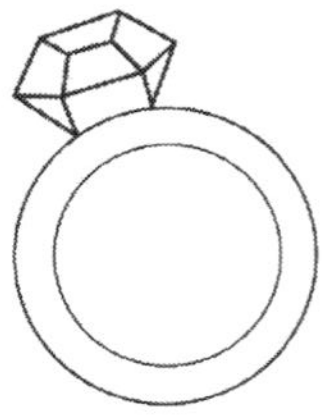

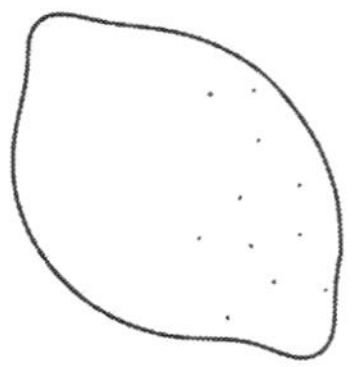

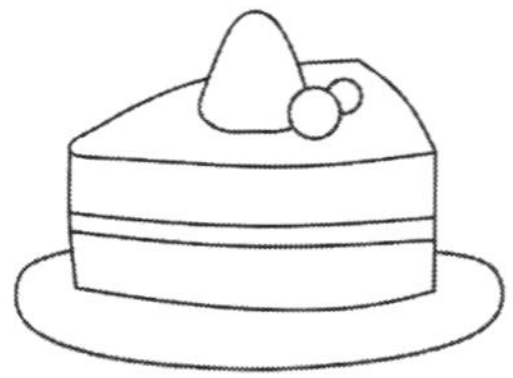

レモン

ネズミ

ケーキ

ルビー

正しいカタカナに丸をつけましょう。　ひづけ：

Circle the correct katakana.　Date

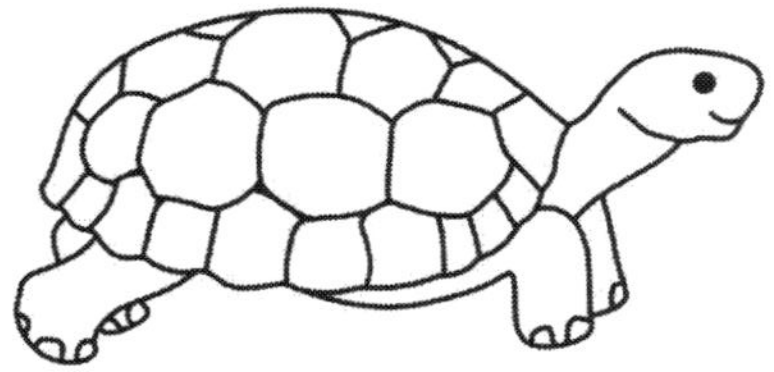

カメ　マメ

トマト　トモト

クルマ　クルア

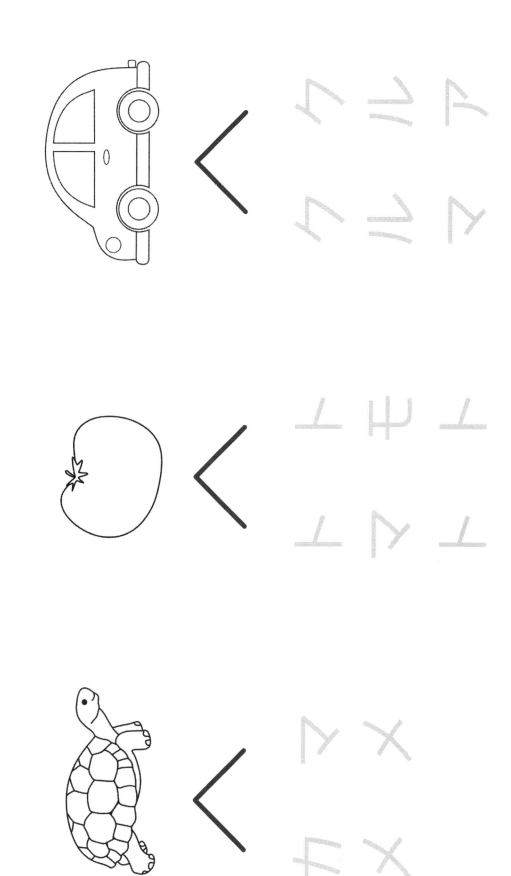

正しいカタカナに丸をつけましょう。　ひづけ：

Circle the correct katakana.　Date

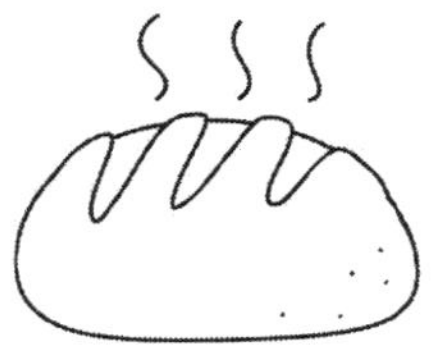

パン　バン

ユガタ　ユカタ

ミョプ　モップ

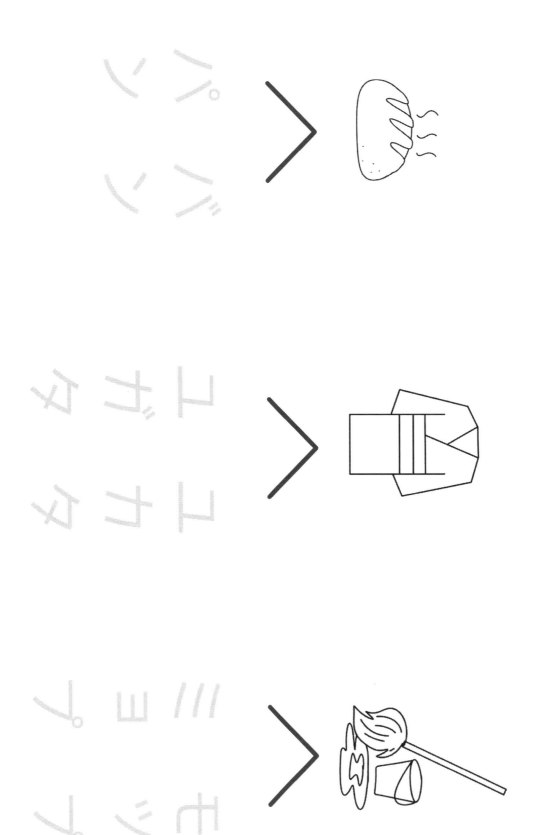

正しいカタカナに丸をつけしましょう。　ひづけ：

Circle the correct katakana.　Date

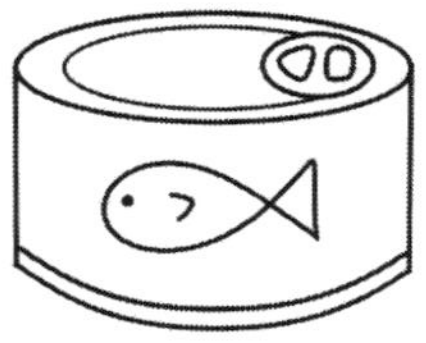

ツナ　シナ

レタス　レダス

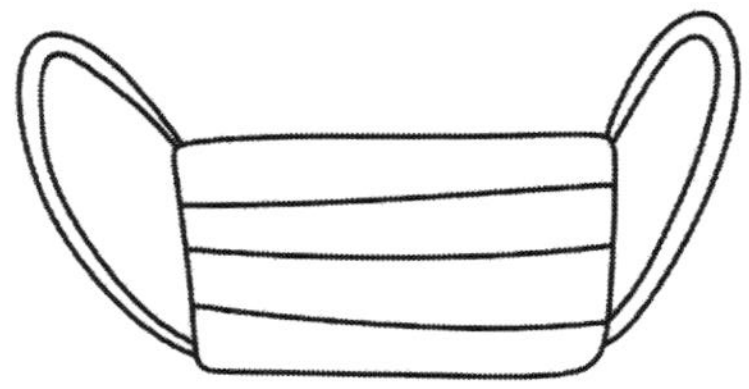

マスケ　マスク

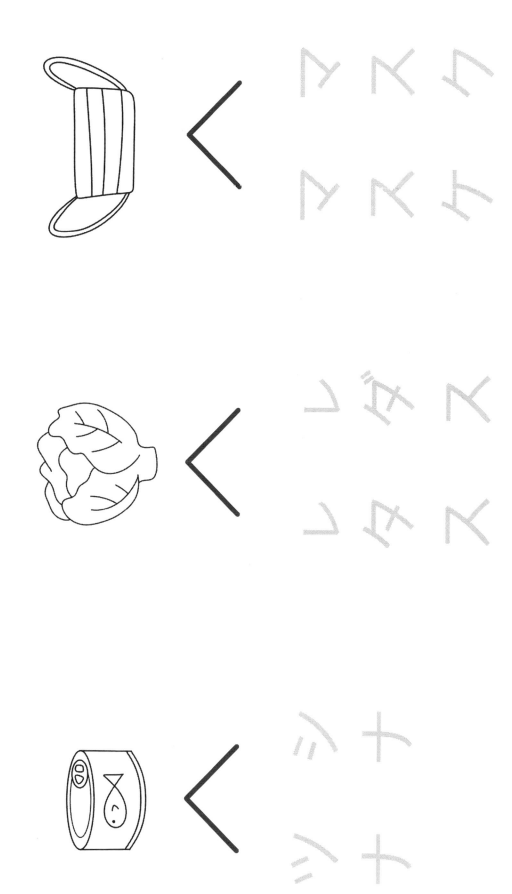

つづりを書きましょう。　ひづけ：

Fill in the blank.　Date

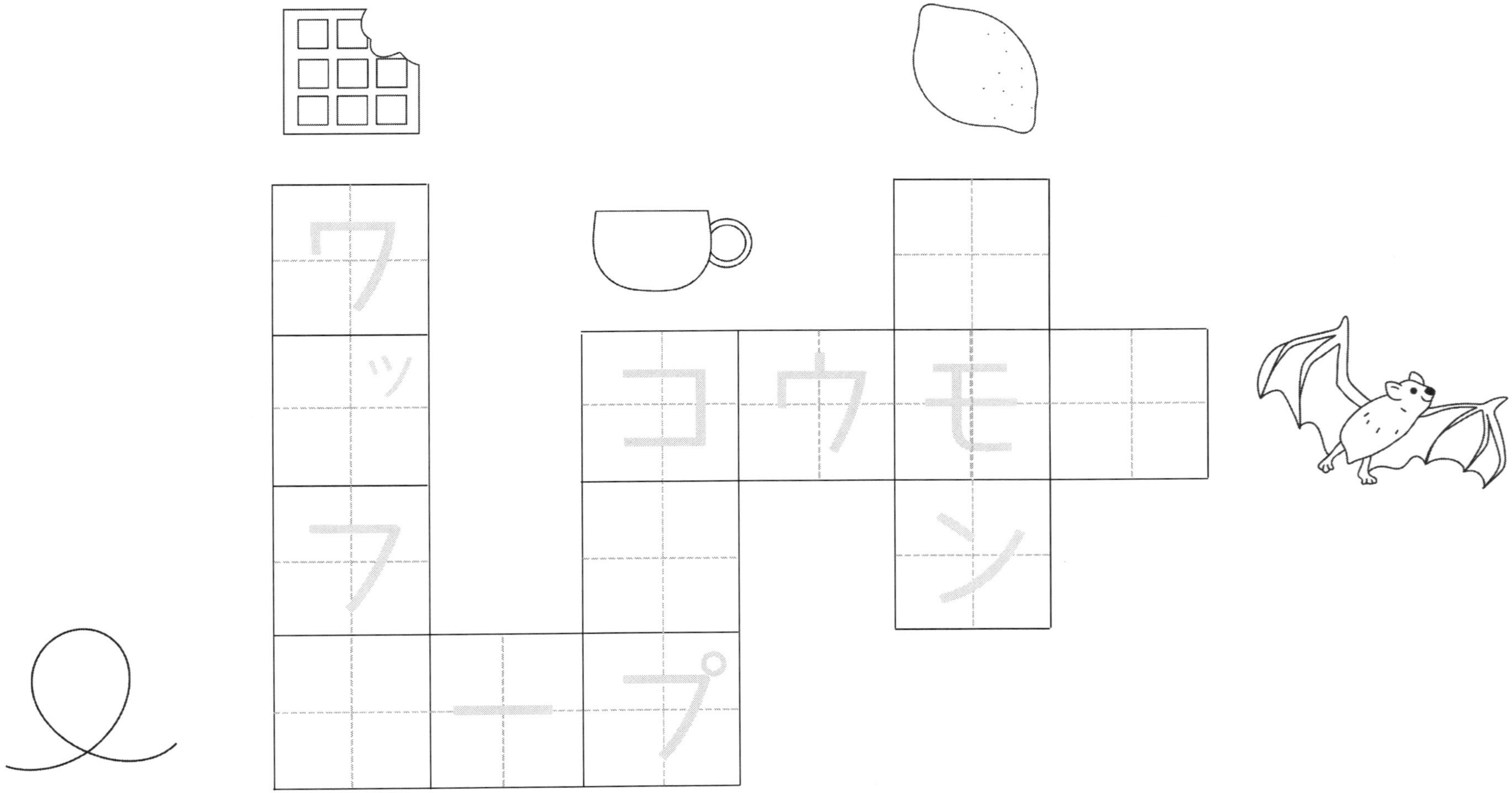

つづりを書きましょう。　　ひづけ：

Fill in the blank.　　Date

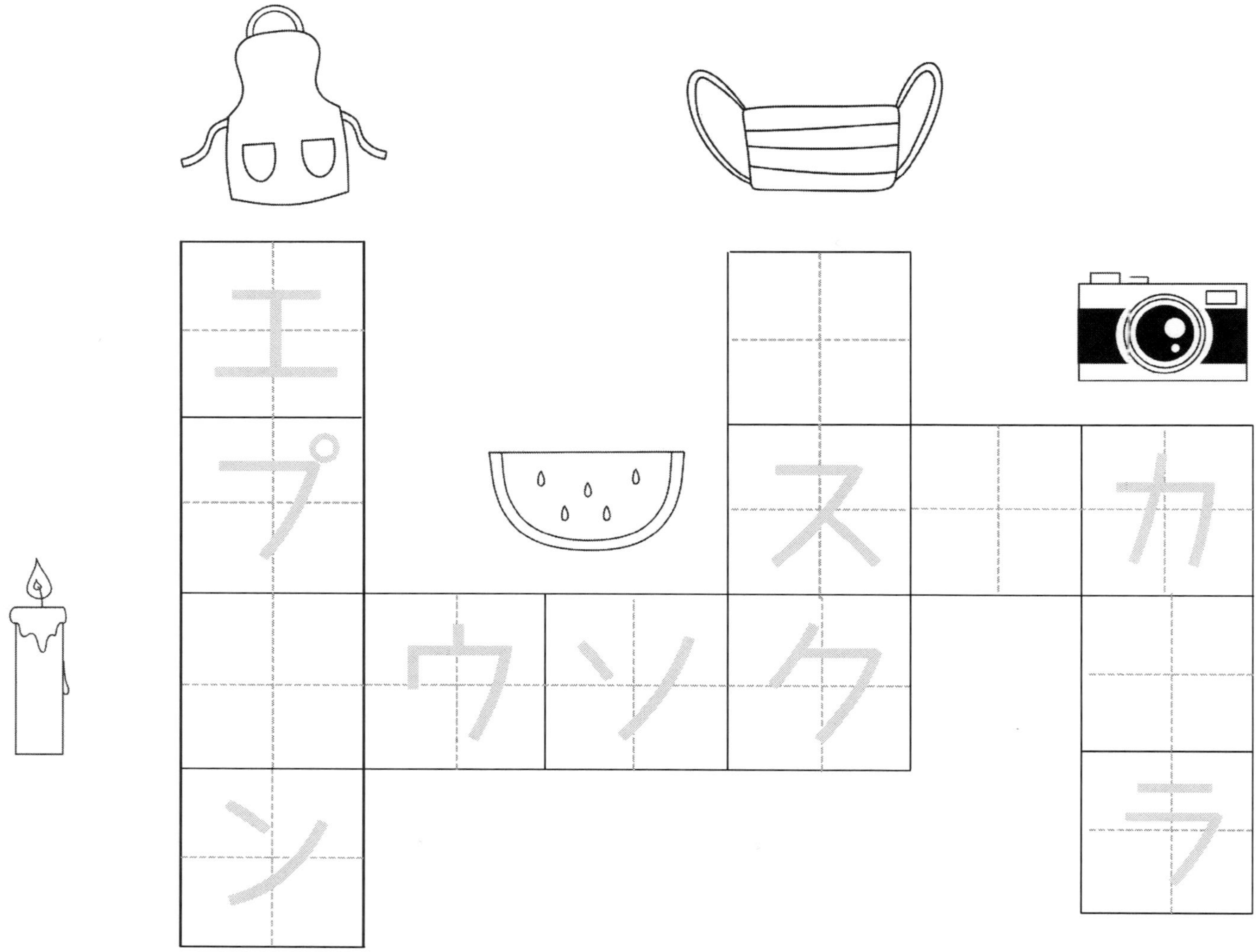

つづりを書きましょう。　ひづけ：

Fill in the blank.　Date

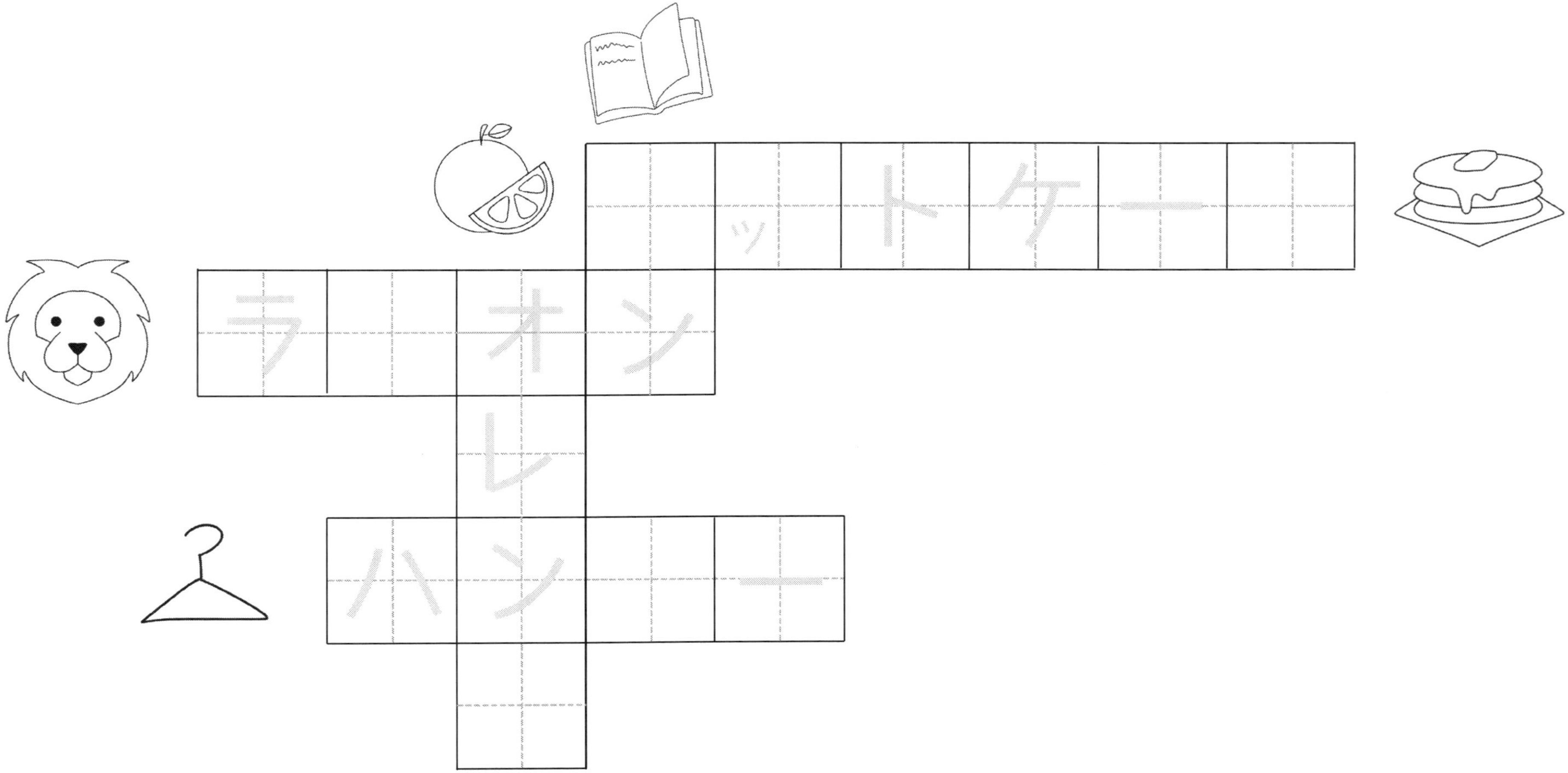

カタカナの解答用紙《かいとうようし》！

Katakana's answer key!

Matching Answers

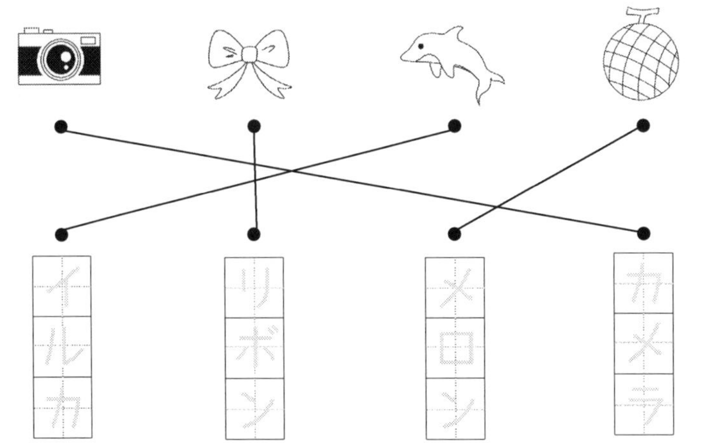

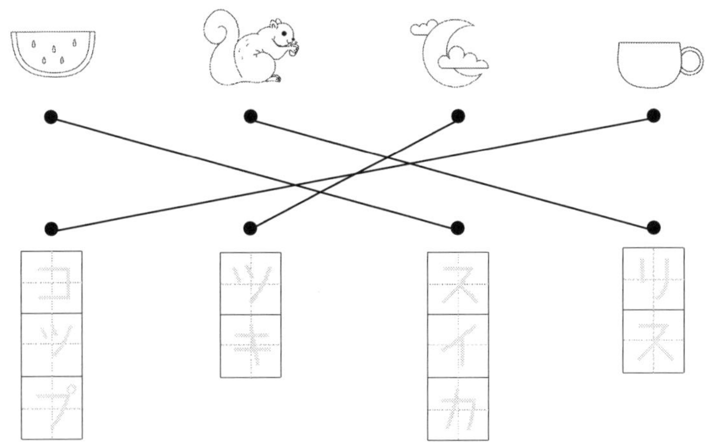

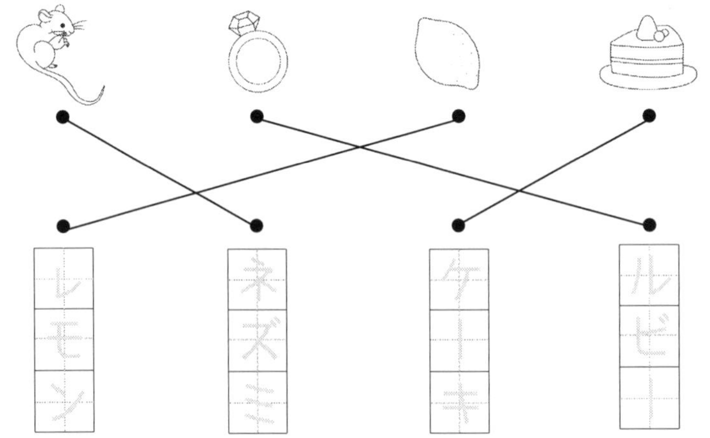

Spelling Answers

パン　バン

ユガタ　ユカタ

ミョプ　モップ

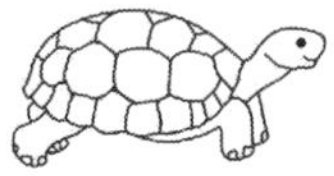

カメ　マメ

トマト　トモト

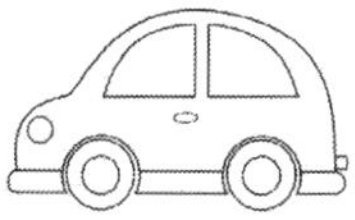

クルマ　クルア

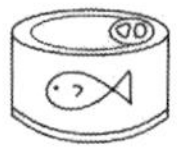

ツナ　シナ

レタス　レダス

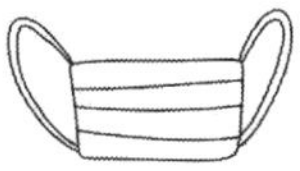

マスケ　マスク

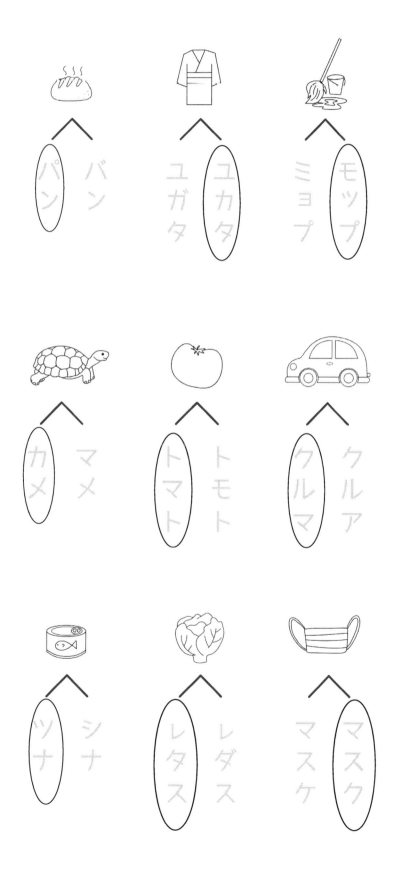

Crossword Answers

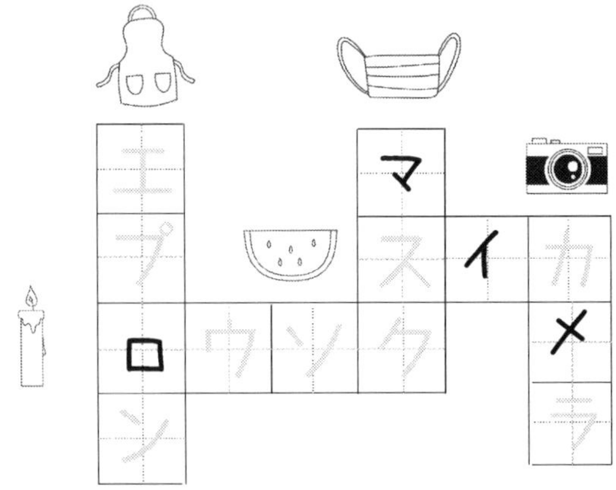

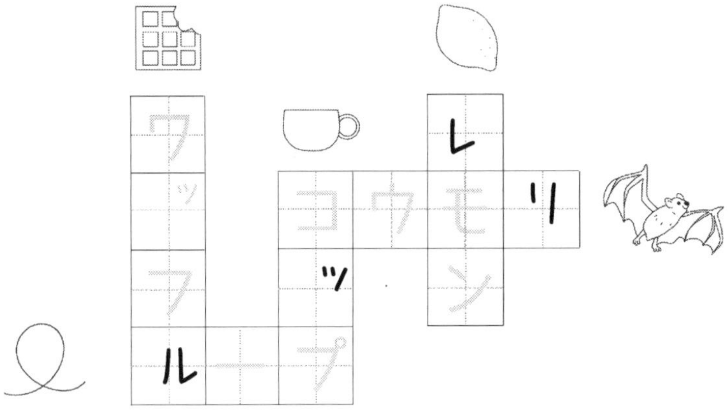

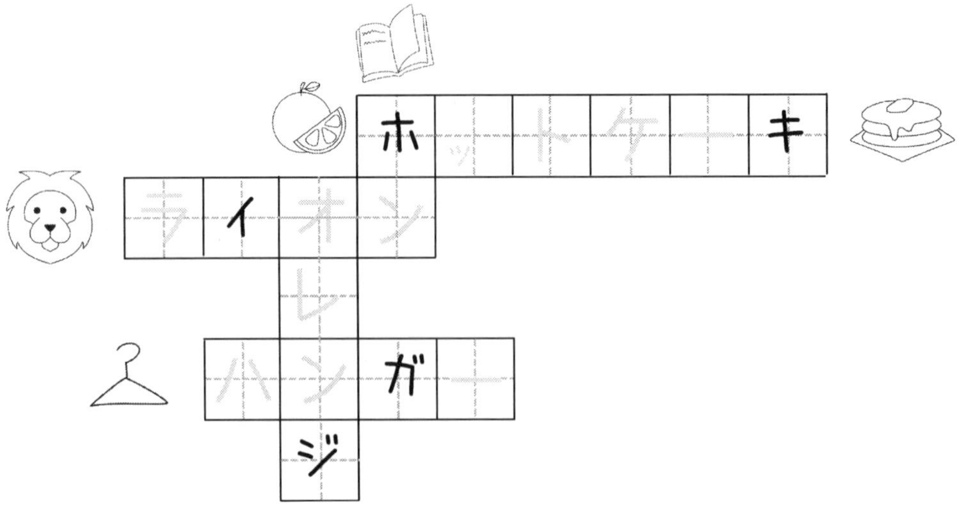

Made in United States
Troutdale, OR
10/23/2023

13940991R00040